ADRESSE

DES

HABITANTS DE SAINT-CÉSAIRE-LÈS-NIMES

(GARD).

A Monsieur le Président de la République

Lettre à M. de Freycinet et sa réponse

NIMES

IMPRIMERIE CLAVEL-BALLIVET ET Cie

12 — rue Pradier — 12

1883

ADRESSE

des habitants de Saint-Césaire-lès-Nimes

(GARD).

A Monsieur le Président de la République

Nous venons au nom des agriculteurs de notre hameau, nous pourrions dire au nom des agriculteurs républicains de toute la France, appeler respectueusement votre attention, non-seulement sur la situation difficile dans laquelle se trouve depuis longtemps l'industrie agricole; mais sur la période critique, que traverse en ce moment la République.

L'instabilité ministérielle n'est pas ce qui nous effraye le plus, nous comprenons parfaitement qu'un peuple qui aspire à la liberté, doit commencer par s'habituer à ces agitations de surface. Ce qui nous inquiète, au contraire, c'est de voir, malgré le changement de personnes, la *stabilité* des principes politiques et économiques, que nous a léguées l'Empire.

Au dehors, nos exportations diminuent et, au dedans, nos importations vont toujours croissant, c'est-à-dire après la ruine de notre agriculture, voici venir la ruine de notre industrie manufacturière. Pouvait-il en être autrement, avec la mise en pratique des principes économiques, qui sacrifient le travail national au travail étranger, au seul profit des transporteurs, spéculateurs, etc.

Profondément dévoués aux institutions républicaines, nous savons aussi que leur développement et leur durée sont liés à la prospérité de nos diverses industries, et principalement de la plus importante de toutes celle de l'aliment dont la situation ne saurait être plus difficile.

Or, cette prospérisé déjà compromise serait perdue pour toujours, si le Parlement continuait, par des débats stériles, à ajourner les réformes pratiques attendues impatiemment par la nation, et dont la principale, avec la révision de la Constitution, est la révision du dernier tarif des douanes, véritable boite de Pandore, d'où sortiraient, pour la France, tous les maux et toutes les ruines.

Le moment nous paraissant venu pour les pouvoirs publics de s'accorder, afin de constituer et de soutenir un ministère résolu à rompre avec les doctrines politiques et économiques du césarisme, et à entrer courageusement dans les voies de la République libérale et sociale, dont l'établissement ferait rentrer dans le néant les espérances des partis monarchiques, surexcités aujourd'hui par la vue de l'exaltation de leurs doctrines par certains républicains illogiques, Persuadés que le ministère le plus apte à entrer dans cette voie de concorde et de progrès serait un ministère Freycinet-Goblet, renforcé par quelques membres du groupe Boysset-Barodet, nous avions chargé l'un de nous, il y a environ un mois, d'écrire à M. de Freycinet pour lui exposer nos griefs et nos revendications. Ci-joint cette lettre, que nous vous prions de lire, Monsieur le Président, malgré sa longueur, ainsi que la réponse satisfaisante dont elle a été honorée.

Confiants dans votre ferme et clairvoyant patriotisme, nous espérons que vous arriverez, sans précipitation et sans vous laisser émouvoir par des intrigues et des craintes factices qui placent habilement le péril où il n'est pas, nous espérons que vous arriverez à la solution d'une crise, qui ne produirait des dommages irréparables que si elle ne servait pas de point de départ vers une ère nouvelle de liberté et de justice sociale, qui nous conduirait sûrement à l'ordre et à la stabilité.

Avec nos vœux pour que votre santé se maintienne à la hauteur de votre dévouement,

Nous vous prions d'agréer, Monsieur le Président de la Répub ique, l'hommage de nos sentiments respectueux et dévoués.

Suivent les signatures.

Saint-Césaire, le 16 février 1883.

LETTRE A M. DE FREYCINET

Les grands travaux publics — Chemins de fer — Canaux d'irrigation

Saint-Césaire-lès-Nimes, 13 janvier 1883.

Monsieur le Sénateur,

Dans l'intérêt de la République en danger par la perspective de la ruine de ses finances, je prends la liberté de me rappeler à votre souvenir.

A la première annonce de votre grand programme des travaux publics, j'eus l'honneur de vous transmettre les cris d'effroi poussés par les agriculteurs, qui comprirent bien vite que si l'on consacrait tant de milliards à la construction de petites lignes de chemins de fer peu utiles, il ne resterait plus d'argent disponible pour la construction des canaux d'irrigation, dont l'urgence et l'utilité étaient incontestables.

Vous eûtes la bonté de me faire répondre par votre chef de cabinet :

Les projets de M. le ministre vous inspirent des craintes mal fondées ; car ils ne lui font pas perdre de vue les autres intérêts confiés à sa haute protection, et particulièrement les travaux nécessaires d'irrigation.

Hélas ! qu'est-il advenu de ces promesses ? Votre programme concernant les chemins de fer, non-seulement a été mis à exécution, mais a été éxagéré d'une manière effrayante, et les canaux d'irrigation sont restés et resteront long-temps encore en projets ; nos craintes n'étaient donc que trop fondées.

On croit généralement, à votre dé-charge, que M. Gambetta qui, à l'exem-ple de l'Empire, aimait à faire grand, avait été l'inspirateur de votre program-me , disproportionné avec l'utilité à obtenir et l'état dés finances de la Fran-ce. Et la plupart de vos partisans ou amis de province, au nombre desquels j'ai l'honneur de me placer, ont été étonn-nés que, lors de la récente discussion du budget, vous n'ayez pas protesté, comme c'était votre droit, contre les exagérations ruineuses auxquelles se sont livrés vos continuateurs.

Mais si la République doit passer au débit du compte qu'elle ouvre à tous ses hommes d'Etat la paternité du pro-gramme en question, elle doit passer à votre crédit l'esprit libéral de votre second ministère, et surtout elle vous sait un gré infini d'avoir su résister énergiquement à l'influence qui pous-sait la France à s'engager dans la guerre égyptienne (1).

---

(1) Voir l'opuscule ci-joint : Repêche-ment des canaux du Rhône, qui a été distri-bué à la Chambre et au Sénat et que vous n'aurez peut-être pas lu. Voir la note page 6. Se trouve à la librairie agricole, 26, rue Jacob, Paris et chez l'auteur, prix : 0 fr. 20.

Je ne m'arrête pas à la coalition né-
buleuse qui a provoqué votre chute...

. . . .

Bref , avec la nouvelle année, une
ère nouvelle doit s'ouvrir pour la République , et la France met en vous son
espoir.

Vous l'ignorez peut-être en partie
dans le monde parlementaire et pari-
sien, mais je puis vous affirmer que la
stérilité de la discussion du dernier budget, la connaissance du danger que fait
courir à nos finances l'exagération de
votre programme ; d'un autre côté, les
dépenses et les importations étrangè-
res allant toujours en augmentant pendant que les recettes et les exportations
vont toujours en diminuant, les abus,
en s'enracinant de plus en plus, etc. ,
ont jeté dans le scepticisme et le dé-
couragement les hommes les plus dévoués à la République et les plus confiants naguère en son avenir.

En un mot, nous roulons sur la pente
de l'abîme où s'est englouti le monde
romain ; mais, comme je l'ai dit, le moment paraît favorable pour détourner la
France du césarisme qui lui tend les
bras et la regarde comme une proie as-
surée.

Je ne crois pas aux sauveurs provi-
dentiels, mais je crois aux hommes in-
telligents, honnêtes et capables de se

dévouer. Ces hommes sont suffisamment nombreux en France ; ils s'appellent : de Freycinet, Goblet, Barodet, Boysset, Carette, Stéeg et tant d'autres que je connais moins.

Il faut donc que ces hommes unissent leurs efforts pour faire triompher la République *libérale et sociale*, en lui donnant un nouveau programme plus rationnel, plus patriotique et surtout moins dangereux pour nos finances que celui patronné et pratiqué dans ces derniers temps par les républicains autoritaires.

Ce programme doit, à mon avis, avoir pour base :

1° Révision de la Constitution dans le sens américain, comme le désire la majorité du parti libéral, (révision faite lentement, savamment, sans secousse, par une Constituante peu nombreuse, nommée *ad hoc*, et qui travaillerait sans que la Chambre et le Sénat interrompissent leurs travaux habituels).

2° Asseoir la révision politique sur une révision économique, c'est-à-dire sans aller jusqu'aux principes patriotiques et protectionnistes des américains, en arriver aux principes compensationnistes qui sont le juste milieu en économie politique et le moins que l'on puisse faire lorsque l'on ne veut pas sacrifier le travail national au travail étranger pour le seul intérêt des financiers, transporteurs, spéculateurs, etc. Attendu que — comme je l'ai dit à plusieurs des partisans de la révision — cette mesure ne produirait en définitive qu'une agitation stérile ; si, en adoptant les principes politiques des américains, nous ne faisions pas un pas important vers les principes économiques auxquels ils doivent la grande prospérité de leurs finances, de leur agriculture et de leurs industries.

3° Diminution graduelle, mais importante, des grands travaux de chemins de fer, entrepris par vos successeurs sur une trop vaste échelle et sur trop de points à la fois, et promesse d'entreprendre promptement les grands travaux d'irrigation dont la. France a un besoin indispensable pour être arrêtée sur la pente de la ruine et de la révolution par le manque de travail. Il est incontestable qu'un seul milliard dépensé en canaux d'irrigation, serait plus fructueux que dix millards dépensés en travaux de chemins de fer secondaires ou autres grands travaux tout aussi improductifs.

Je ne viens pas vous demander de renier votre programme, mais de travailler à le restreindre aux bornes raisonnables dans lesquelles vous l'aviez d'abord conçu ; si je dois en croire la lettre rassurante de votre chef de cabinet, citée en commençant. Je le répète, ces travaux d'irrigation, reconnus nécessaires par vous-même, ont été complètement laissés de côté pendant qu'on dépensait des sommes très importantes à construire des petites lignes de chemins de fer excessivement peu nécessaires et peu urgentes. Je viens donc faire appel à votre patriotisme pour que vous travailliez à faire regagner le temps perdu aux travaux d'irrigation, lorsque vous serez ramené au pouvoir où vous devez naturellement être poussé sous peu par la force des circonstances :

Comme je le dis dans mon opuscule ci-joint, page 21 :

La Monarchie de Juillet et l'Empire de Décembre, mettant la charrue avant les bœufs, pour plaire aux intérêts financiers, ont suffisamment couvert la France de chemins de fer ; la tâche de la République est aujourd'hui, pour satisfaire les intérêts du peuple, de la couvrir de canaux d'irrigation, c'est pour elle une question de vie ou de mort.....

Persuadé que vous excuserez l'audace de ces conseils, parce qu'ils vous prouveront la confiance et l'espoir que je fonde sur votre intelligence et votre patriotisme,

Je vous prie d'agréer, Monsieur l'ancien et futur président du conseil, l'assurance de mes sentiments sympathiques et dévoués.

Eugéne de MASQUARD.

***

Réponse de M. de Freycinet

Monsieur,

Je ne puis que vous savoir beaucoup de gré de votre franchise et je vous remercie des paroles sympathiques contenues dans votre lettre du 13 courant. Je reconnais avec vous que mon programme de travaux publics ne doit pas être étendu démesurément, et qu'il est plus que temps de s'occuper de travaux d'irrigation et autres opérations intéressant l'agriculture. Si jamais j'ai voix au chapitre, vous pouvez être assuré que j'inclinerai les efforts de ce côté. Sous ce rapport, je ne renie rien des déclarations que vous avait faites mon chef de cabinet.

Agréez , monsieur, l'expression de mes meilleurs sentiments.

Signé : C. DE FREYCINET.

Paris, 18 janvier 1883.

POST-SCRIPTUM

A LA

LETTRE A M. DE FREYCINET

—

Monsieur le directeur du *Midi*,

Je vous remercie d'avoir bien voulu insérer ma lettre à M. de Freycinet, malgré les réserves que vous aviez à faire sur certains points. Mais comme quelques-uns de vos lecteurs n'ont pas lu la fin de mon petit travail : *Repêchement des canaux du Rhône et de la question sociale*, dont les deux premières parties seulement ont été insérées dans le *Midi* et dont j'ai eu le tort de ne pas vous adresser la fin, ces personnes se sont étonnées de me voir dire « République libérale et *sociale* ». Pour que ces personnes puissent connaître la République que je préconise, permettez-moi de mettre sous leurs yeux les derniers passages de la petite publication en question :

Il est temps de s'occuper enfin, d'une manière sérieuse et pratique, de la question sociale qui est en train de se noyer dans le collectivisme anarchique, et la création d'un vaste système d'irrigation , c'est-à-dire la création de nombreuses fabriques de produits alimentaires, est le moyen le plus prompt et le plus puissant que nous ayons sous la main pour améliorer la situation du peuple en lui procurant du travail d'une manière continue et certaine.

Il est temps d'opposer au socialisme nuageux, mal compris, impossible, le socialisme bien compris et possible, lequel a pour base la justice sociale, comme j'ai cherché à le prouver dans toutes mes publications, et la *justice sociale est la mère de la liberté*, et non pas sa fille, comme le croient bon nombre de républicains qui voudraient épouser la fille avant la naissance de la mère.

Recherchons donc, cultivons la justice, et la liberté et tous les autres biens politiques nous seront donnés par surcroît.

Toute la loi et les prophètes de l'économie sociale se réduisent à ce seul commandement.

Le conflit qui vient d'éclater entre le Sénat et la Chambre semble devoir précipiter la révision de la constitution, ce qui serait un mal, car la question ne me paraît pas avoir été suffisamment étudiée et débattue dans la presse.

Tous les républicains doivent unir leurs efforts pour que cette révision soit une sage évolution et non une révolution, mot dont nous abusons beaucoup trop et dont le véritable sens est, on le sait, tourner autour : la preuve c'est que, de révolution en révolution, nous tournons toujours autour de la liberté et de la justice sans jamais les atteindre.

Une révision qui nous donnerait le scrutin de liste et une seule Chambre, serait un recul. Je l'ai déjà soutenu dans le *Midi* (voir ma lettre à M. Boysset, à propos de la proposition Bardoux). Avec notre excessive centralisation, il faut, si l'on ne veut pas faire les affaires du despotisme, deux Chambres avec le *référendum* comme en Suisse, à défaut des trois Chambres de ma République omnicratique, qui sera la République de l'avenir si l'avenir appartient à la République. J'ajouterai à l'adresse des révi-

sionnistes pressés, que la question économique gouverne la question politique
et qu'ils ne créeront rien de sérieux et
de durable s'ils ne font pas tout au
moins marcher les deux à la fois.

Veuillez agréer, etc.

EUGÈNE de MASQUARD.

Au commencement de 1881, dans ma brochure : *le faux et le vrai libre-échange* je
disais :

« Si les prochaines élections législatives ne
» se font pas sur la question *économique*,
» nous verrons la nouvelle Chambre comme
» nous voyons l'expirante, se battre les flancs
» sans ne pouvoir faire que quelques pas chan-
» celants et timides dans la voie du véritable
» progrès, lorsqu'elle sera assez heureuse pour
» ne pas lui tourner le dos » (1).

Malgré l'envoi de cette brochure à tous les
députés et sénateurs, malgré la publication

------

(1) Voir *le faux et le vrai libre-échange* page 12,
se trouve à la librairie agricole, 26, rue Jacob,
Paris et chez l'auteur, prix 75 c. franco par la
poste.

Je ne saurais trop engager les politiqueurs très
nombreux, totalement étrangers aux questions économiques à lire les excellents : *éléments d'économie
politique* de M. E, de Laveleye, librairie Hachette,
prix : 3 francs ; quoique, à mon grand regret, l'auteur de ce savant ouvrage ait laissé de côté peut
être a dessin, deux points très-important, selon
moi : 1° les droits compensateurs, 2° l'égalité de
toutes les industries devant les douanes.

au moment des élections législatives de 1881, d'une autre brochure sur le même sujet : *les cahiers de l'agriculture*, tirée à cinq mille exemplaires, et adressée à tous les candidats sans distinction de couleur, à tous leurs comités, aux Préfets, Sous-Préfets, aux Maires des chefs-lieux d'arrondissement et de canton, etc., malgré tous les efforts que j'ai pu faire, comme quelques autres pub'icistes trop peu nombreux, la question économique a été généralement laissée de côté par les candidats aussi bien que par leurs comités. Aussi les *françaiseries* auxquelles nos législateurs perdent leur temps, donnent-elles amplement raison aujourd'hui à ma prédiction de 1881.

Nîmes, Typ. Clavel-Ballivet et Cⁱᵉ, rue Pradier, 12.

www.ingramcontent.com/pod-product-compliance
Lightning Source LLC
LaVergne TN
LVHW022252030726
842520LV00009B/2684